CONSIDÉRATIONS

SUR LE

COMMERCE EXTÉRIEUR

DE

LA BELGIQUE,

ET NOTAMMENT SUR LES

RAPPORTS COMMERCIAUX DE CE PAYS

AVEC LA FRANCE.

BRUXELLES.

CHEZ H. TARLIER, ÉDITEUR,

RUE DE LA MONTAGNE, 51.

—

NOVEMBRE 1852.

CONSIDÉRATIONS

SUR LE

COMMERCE EXTÉRIEUR

DE

LA BELGIQUE.

CONSIDÉRATIONS

COMMERCE EXTÉRIEUR

DE

LA BELGIQUE,

ET NOTAMMENT SUR LES

RAPPORTS COMMERCIAUX DE CE PAYS

AVEC LA FRANCE.

—

BRUXELLES.

CHEZ H. TARLIER, ÉDITEUR,
RUE DE LA MONTAGNE, 51.

—

NOVEMBRE 1852.

AVANT-PROPOS.

Un grand nombre de personnes paraissent imbues de l'idée que le traité franco-belge de 1845 aurait dû être renouvelé. Il nous a semblé que pour raisonner ainsi, ces personnes ignoraient sans doute les faits qui se sont produits sous l'empire de ce traité.

Nous croyons donc devoir, pour éclairer l'opinion, publier le résultat des études et des recherches que nous avons faites au sujet de cette grave et importante question.

Nous pensons qu'après la lecture de cet écrit, on reconnaîtra que la convention dont il s'agit a été infiniment plus avantageuse à la France qu'à la Belgique et que c'est à tort qu'on s'effraie des conséquences fâcheuses qui pourraient résulter pour nous du non-renouvellement de cet acte international.

De plus, il nous a paru utile de montrer le danger auquel l'industrie et le commerce d'un pays sont exposés lorsque le nombre des marchés vers lesquels il exporte ses produits est trop restreint ; nous signalons la nécessité qui résulte pour le commerce belge de chercher à augmenter le nombre de ses débouchés, afin que la perte accidentelle ou momentanée de l'un d'eux ne puisse porter la perturbation dans les affaires, ni arrêter l'activité industrielle.

Pour parvenir à étendre nos rapports commerciaux, il importe d'étudier et de bien connaître l'état des relations extérieures des autres pays manufacturiers. Sous ce rapport, nous donnons un aperçu du commerce de l'Angleterre et de la France avec les pays étrangers.

On remarquera que les renseignements statistiques sur lesquels nous avons basé notre raisonnement ont été puisés à des sources officielles.

Notre travail, nous n'en doutons pas, doit laisser à désirer ; il doit se ressentir de la précipitation avec laquelle il a été fait. Mais cette remarque s'applique principalement à la série de mesures que nous indiquons comme étant, selon nous, de nature à favoriser le développement des relations commerciales de la Belgique. Ces mesures pourront ne pas recevoir l'approbation de tous nos lecteurs ; mais elles sont le fruit d'une conviction profonde ; et l'on voudra bien, si nous sommes dans l'erreur, nous tenir compte des sentiments de patriotisme qui nous ont guidé en les proposant.

CONSIDÉRATIONS

SUR LE

COMMERCE EXTÉRIEUR DE LA BELGIQUE

RAPPORTS COMMERCIAUX DE CE PAYS AVEC LA FRANCE.

OBSERVATIONS PRÉLIMINAIRES.

Le 22 août dernier, après de longues et laborieuses négocia-tions, un arrangement est enfin intervenu entre la France et la Belgique.

D'après cet arrangement, le traité du 15 décembre 1845 n'est pas renouvelé. Il ne s'agit que d'une simple convention littéraire par laquelle la France fait quelques concessions à la Belgique en échange du droit de réimpression que celle-ci sacrifie.

Toutefois, en signant cet acte, les deux hautes parties contrac-tantes n'abandonnaient pas l'idée de conclure ultérieurement un traité de commerce sur de larges bases. Cette pensée, énoncée dans les pièces relatives aux négociations, et mises sous les yeux du public, se trouve confirmée par l'offre faite par le Cabinet de Bruxelles, le 15 septembre dernier, de signer une convention définitive sur les bases de l'une des quatre combinaisons précédemment soumises au gouvernement français. Cette offre reproduisait les principales dispositions du traité de 1845, avec cette modification que notre ancienne concession sur les lainages était remplacée par le sacrifice de l'industrie des réimpressions.

Nous inclinons à penser que, malgré le caractère hostile du décret du 14 septembre, les deux pays ne s'engageront point dans une guerre de tarifs et que des négociations seront reprises pour arriver à un arrangement donnant satisfaction aux intérêts de l'un et l'autre pays.

Mais, pour faire de nouvelles conventions, il est indispensable de connaître en détail l'influence exercée par les anciens traités sur le développement de notre commerce et de notre industrie, afin que l'expérience du passé nous serve de guide pour les stipulations futures. Il faut aussi examiner quelles seraient les conséquences d'une rupture et d'une guerre de tarifs si les négociations n'aboutissaient pas.

C'est à cet examen que nous allons d'abord nous livrer. Ce sera la *première partie* de notre écrit. — Après ce travail, nous présenterons quelques propositions dans le but de rendre notre industrie plus florissante encore et d'étendre nos relations commerciales avec les pays transatlantiques, afin que la perte d'un débouché ne soit plus regardée comme un désastre pour le pays. Ce point fera le sujet de la *seconde partie*.

Nous avons toujours envisagé les conventions commerciales comme des choses utiles, quand la justice y préside. Mais malheureusement, dans ces sortes d'arrangements internationaux, comme dans toutes les autres affaires, c'est le fort qui dicte ses lois au faible, et c'est toujours ce dernier qui est amené à faire la concession la plus large.

La Belgique, plus que tout autre pays, est un exemple du fait que nous avançons. Entourée de voisins puissants qui voient qu'elle a besoin de débouchés pour écouler ses nombreux produits, elle est souvent obligée d'accorder de grandes faveurs pour ne recevoir en retour que de faibles avantages. C'est sans doute pour cette raison que les traités de commerce sont regardés par un grand nombre de personnes, comme des choses illusoires. Nous ne pouvons que partager cette opinion du moment où les concessions que se font réciproquement deux pays ne sont pas établies sur des bases équitables. Dans ce cas, il est préférable de renoncer à tout traité

La Belgique ne peut guère espérer de conclure des traités réellement avantageux avec les pays voisins, si ce n'est peut-être avec les Pays-Bas. Si la Belgique et la Néerlande, qui, sous le rapport des intérêts matériels, sont nées pour vivre ensemble, voulaient s'entendre, elles pourraient reconstituer, commercialement parlant, l'ancien royaume des Pays-Bas. Mais, pour cela, il faudrait que ces deux pays fussent dégagés de tout lien envers les autres États.

L'isolement commercial dans lequel la Belgique pourrait se trouver par rapport à ses voisins, ne doit point l'effrayer. Ceux-ci ne sauraient tarder longtemps à revenir à des dispositions plus conciliantes, forcés qu'ils seraient d'obéir à des considérations puissantes de leur propre intérêt.

C'est une erreur de croire qu'en toutes circonstances, une réduction de taxe d'entrée ne profite qu'au pays exportateur; nous sommes même persuadé que très-souvent l'abaissement de droits qui, en apparence, semble être une faveur accordée au pays voisin, est, au contraire, tout dans l'intérêt des consommateurs indigènes et même des industriels.

Les exemples de ces sortes de cas sont nombreux; nous nous contenterons d'en citer quelques-uns pris à peu près au hasard.

N'est-il pas vrai de dire que, lorsque la France abaisse les droits sur les houilles belges, cette mesure est aussi profitable aux industriels et aux consommateurs français qu'aux propriétaires des charbonnages belges. En effet, n'est-il pas dans l'intérêt de l'industrie française d'obtenir le combustible à aussi bas prix que possible?

Quand la Belgique réduit les droits d'entrée sur les laines et les fils de laine de France, ne fait-elle pas une chose aussi profitable à son industrie que favorable aux producteurs français?

Quand la France admet nos lins à des droits réduits. ne sert-elle pas les intérêts des filateurs français autant que ceux des agriculteurs belges?

Le temps a fait justice de ces sophismes par lesquels on se persuadait qu'il suffisait de frapper de droits excessifs les produits de son voisin pour détruire son industrie; et il a révélé que souvent on aggravait sa propre situation en voulant nuire à celle de son concurrent.

Nous concevons que grever de droits d'entrée des produits fabriqués, c'est accorder une prime aux fabriques intérieures; mais si ces droits d'entrée portent sur des matières premières, c'est une entrave qu'on apporte à sa propre industrie.

Ces propositions sont si évidentes par elles-mêmes, que nous ne sentons point le besoin de nous étendre sur ce sujet.

Nous admettons donc en principe :

1° Qu'une nation qui frapperait de droits d'entrée élevés les matières premières nécessaires à son industrie, se ferait à elle-même plus de tort qu'elle n'en occasionnerait à la nation d'où elle tire ces produits ;

2° Qu'un effet analogue se produirait pour les denrées alimentaires de première nécessité ; car elle renchérirait ainsi la main d'œuvre employée pour son industrie ;

3° Que les droits d'entrée qu'elle établirait sur les produits fabriqués par son voisin, constitueraient une prime à sa propre industrie. Mais il faudrait pour cela que le voisin consentît à se laisser imposer sans user de représailles et c'est là un cas peu probable ; en sorte, qu'au lieu de protéger l'industrie, on prélève une contribution à son détriment.

Ces quelques lignes de principes élémentaires nous suffiront pour fixer clairement la marche qu'il convient à la Belgique de suivre dans son différend douanier avec la France.

PREMIÈRE PARTIE.

COMMERCE INTERNATIONAL FRANCO-BELGE.

Et d'abord examinons quels sont, en général, les rapports commerciaux de la Belgique avec la France.

Nous prendrons pour terme de comparaison l'année 1851.

Les importations de France en Belgique ont été, pendant cette année, de 56,539,000 francs (1).

Celles de Belgique en France ont été de 73,620,000 francs (2).

Les importations belges sont donc supérieures aux importations françaises. Mais, pour juger sûrement de l'importance et de la nature du trafic, il est nécessaire de subdiviser ces importations en trois catégories :

1° Matières premières ; 2° Denrées ; 3° Objets fabriqués.

Nous arrivons alors, pour la France, aux données suivantes :

1° Matières premières . . . . fr.	15,343,000
2° Denrées	20,352,000
3° Objets fabriqués	20,844,000
Total. . fr.	56,539,000

Voyons maintenant les importations de Belgique en France (3) :

1° Matières premières . . . . fr.	56,179,000
2° Denrées.	4,704,000
3° Objets fabriqués	12,737,000
Total. . fr.	73,620,000

(1) D'après le Tableau général du commerce de la Belgique avec les pays étrangers.
(*Commerce spécial.* * — *Valeurs permanentes* **).

(2) Même source.

(3) Il est à remarquer que le relevé du commerce de la Belgique ne concorde pas

* A *l'importation*, le COMMERCE SPÉCIAL ne comprend que ce qui est livré à la consommation intérieure par importation directe et par sortie d'entrepôt.

A *l'exportation*, le COMMERCE SPÉCIAL comprend seulement les marchandises nationales et celles qui leur sont assimilées par le payement des droits d'entrée.

** C'est-à-dire valeurs moyennes déterminées administrativement.

Comme on le voit, les objets fabriqués sont les marchandises qui dominent dans les importations françaises en Belgique.

Dans les importations de Belgique en France, ce sont, au contraire, les matières premières qui dominent, et la quantité des produits fabriqués importés en France, reste de beaucoup inférieure à celle que nous en recevons.

Cette simple observation suffit déjà pour faire comprendre que l'industrie des produits manufacturés jouit en France de certains avantages supérieurs à ceux qu'elle rencontre en Belgique, puisque nous recevons plus de ce genre de produits que nous n'en vendons.

Nous ferons observer à cet égard que les produits fabriqués constituent l'augmentation de richesses ; c'est le bénéfice des industriels et des travailleurs; c'est l'aliment de l'activité industrielle; c'est le pain quotidien de l'ouvrier ; c'est, en un mot, la rémunération du travail. Ainsi, il y a profit pour un pays à se procurer les matières premières et les denrées à bon compte : il y a profit pour ce même pays à vendre des objets fabriqués en aussi grande quantité que possible.

Jetons d'abord un coup-d'œil sur les matières premières.

On a vu que la France importe en Belgique pour fr. 15,545,000 de matières premières ; la Belgique, de son côté, importe en France pour fr. 56,179,000 en marchandises de cette nature.

Les principales matières premières qui sont importées de Belgique en France sont : 1° les bois de construction, fr. 965,000; 2° le charbon de terre, fr. 27,258,000; 3° le charbon de bois, fr. 965,000; 4° les chevaux et poulains, fr. 1,829,000 ; 5° les fontes en gueuses, fr. 2,576,000 ; 6° le fil de lin et de chanvre, fr. 2,076,000 ; 7° les laines, fr. 948,000 ; 8° le lin, fr. 8,555,000 ; 9° les pierres à bâtir, le marbre et les ardoises, fr. 545,000 ; 10° le zinc, fr. 6,257,000.

Le charbon de terre, le lin et le zinc, que la France pourrait difficilement se procurer ailleurs sans bouleverser toutes les conditions du travail dans les départements limitrophes de la Belgique, forment ensemble un chiffre de fr. 42,048.000, c'est-à-dire près des 4/5 de nos exportations en matières premières vers la France, et le charbon, cet aliment indispensable de l'industrie, cette force motrice qui centuple celle de l'homme, entre, pour moitié environ, dans le chiffre total de ces exportations.

Il est de l'intérêt de la France de se procurer les charbons les meilleurs et au plus bas prix possible, afin que ce puissant élément de la production moderne, qui entre pour une partie notable dans le prix de revient de beaucoup d'industries, les place dans des conditions encore plus avantageuses que celles où elles se trouvent.

Cette grave considération nous fait concevoir l'avantage, pour la France même, de tout dégrèvement apporté aux droits d'entrée sur ces objets; et par suite, il nous semble que de puissants motifs doivent exister pour avoir déterminé le gouvernement français à agir dans un sens tout opposé.

Une considération que celui-ci n'aurait peut-être pas dû perdre de vue, c'est que la plupart des actionnaires des charbonnages belges du couchant de Mons se trouvent en France.

D'une autre part, beaucoup de charbons belges ont une qualité qui leur est propre et que ne possèdent point les charbons français.

Voici ce que dit à cet égard M. Pichault de La Martinière, cité par M. Léon Faucher dans son remarquable ouvrage sur l'Union douanière entre la Belgique et la France.

« Les houilles de Mons sont inférieures à celles de France sous le rapport de la densité. Leur combustion est plus rapide; mais elles rachètent ce défaut par une propriété *inappréciable et qu'elles possèdent seules avec les houilles anglaises*, celle de jeter de la flamme comme le bois, d'enduire les parois extérieures des métaux d'une couche bitumineuse qui les protège contre l'action du feu, sans interrompre aucunement la transmission active et régulière du calorique, et, enfin, de satisfaire à un besoin *impérieusement* senti dans un grand nombre d'établissements industriels. »

Nous ajouterons d'ailleurs que les houilles françaises coûtent un tiers plus cher que les nôtres :

Enfin, il est une considération politique qui mérite d'être signalée. Si la France, pour remplacer les charbons belges par des charbons anglais, augmentait les droits d'entrée sur ceux-ci et les diminuait sur ceux-là, la Belgique devrait finalement user de représailles. Quelle serait la conséquence de cette guerre de tarifs? Une augmentation de la puissance commerciale de l'Angleterre, sans compensation aucune, au détriment des deux pays en hostilité. D'un autre côté, il n'est pas indifférent pour la France que les houillères belges soient toutes exploitées ou abandonnées en partie. Il serait imprudent de sa part, pensons-nous, de mettre son industrie à la merci de l'Angleterre ; elle a tout intérêt à conserver les deux sources d'approvisionnement. Elle ne doit pas oublier le mot de sir Robert Peel qui, demandant la suppression des droits dont les houilles anglaises étaient frappées à la sortie, s'écriait : « *Ne voyez-vous pas que toute nation, qui aura besoin de nos houilles pour alimenter son industrie ou sa navigation, deviendra vassale de l'Angleterre ?* »

Un document, publié par ordre du parlement britannique, fait connaître que la quantité de toutes les houilles sorties du Royaume-Uni, en 1850, s'est élevée à : tonnes (1) 5,551,880
en 1849, l'exportation n'avait été que de 2,828,059

différence en plus en 1850. 523,741

En 1851, les exportations se sont élevées à : tonnes 5,477,060
différence en plus comparativement à l'année 1850. . 125,180

Les 5,551,880 tonnes de 1850 représentaient, *en valeur déclarée*, une somme totale de 1,284,224 livres sterling, soit 52,106,000 fr., ce qui met les 100 kilogrammes de houilles anglaises exportées, à 94 centimes environ.

Nous indiquons ici, à titre de renseignements, les pays vers lesquels a été principalement dirigée l'exportation des houilles anglaises.

	Tonnes.
France.	612,545.
Villes Anséatiques	544,480.
Danemarck.	296,185.
Russie. . . . . , .	255,198.
Italie et Malte.	200,681.
Prusse. . . , ...	186,528.
Espagne et Canaries.	186,047.
Pays-Bas.	159,955.
États-Unis.	129,706.
Suède et Norwège	105,505.

On voit, d'après ce relevé, que c'est la France qui reçoit le plus de houille anglaise.

Concluons donc, relativement aux taxes à imposer sur les matières premières, que l'intérêt, bien entendu de la France, doit plutôt

(1) La tonne anglaise = 1016 kilog.

la porter à abaisser qu'à augmenter les droits d'entrée sur nos houilles et sur nos matières premières.

Voyons maintenant quelles sont les principales matières premières que la France nous envoie. Ce sont: 1° les cuirs et peaux apprêtés et non apprêtés, fr. 542,000; 2° les fils de laine, fr. 4,585,000; 3° les laines, fr. 2,127,000; 4° le lin, le chanvre et les étoupes, fr. 1,055,000; 5° les ardoises, fr. 772,000; 6° la soie, les fils écrus à coudre, à broder et autres, fr. 974,000.

Il n'est aucune de ces matières premières que la Belgique soit absolument obligée de prendre en France. Les cuirs, les laines brutes et les fils de laine pourraient être tirés d'Angleterre aussi bien que de France, si l'on abaissait le tarif du côté de l'Angleterre. Le lin, il est inutile de le mentionner, lorsque le pays en exporte lui-même pour plus de fr. 18,005,000. Les ardoises, le Luxembourg pourrait en fournir plus que le pays ne saurait en consommer, et ce serait rendre un service signalé à cette province si peu prospère, si l'on empêchait l'entrée en Belgique des ardoises françaises. La soie grège, l'Allemagne, l'Italie et la Suisse pourraient nous la fournir.

La France ne nous expédie donc aucune matière première que nous ne puissions pas nous procurer ailleurs aux mêmes conditions. Cependant, fidèle à nos principes, nous croyons qu'il est utile aux intérêts commerciaux belges de ne frapper d'aucun droit les matières premières que nous tirons de France.

Passons aux denrées.
Les principaux articles que nous exportons vers la France, sont : 1° les bestiaux, fr. 2,490,000; 2° le beurre frais et salé, fr. 857,000; 3° les sucres raffinés, fr. 507,000.

Les principaux articles d'importation de France en Belgique, en denrées, sont : 1° les graines oléagineuses, fr. 1,910,000; 2° le froment et le seigle, fr. 4,202,000; 3° les pommes de terre, fr. 1,648,000; 4° le sel brut, fr. 2,825,000; 5° les vins, fr. 5,855,000.

Ces chiffres indiquent que les principaux articles faisant le sujet de ce commerce, sont, pour la France, les vins, produit de luxe, et, pour la Belgique, les bestiaux qui constituent, au contraire, un produit de première nécessité.

Or, il est de toute évidence qu'il est moins onéreux d'imposer un produit de luxe qu'une denrée de première nécessité.

Nous arrivons aux objets fabriqués, et ce sont ceux-ci qui méritent une analyse plus spéciale.

En objets fabriqués, la Belgique exporte en France pour une somme de fr. 12,757,000, avons-nous dit. Les principaux articles sont : 1° habillements et modes, fr. 666,000 ; 2° munitions de guerre et armes portatives, fr. 1,554,000 ; 3° dentelles et tulles, fr. 1,854,000 ; 4° tissus de laine, fr. 1,977,000 ; 5° tissus de lin et de chanvre, fr. 3,741,000 (1).

Ce serait une erreur de croire que la totalité de ces marchandises entre dans la consommation de la France. Nous pouvons affirmer, sans craindre de nous tromper, que la moitié des produits fabriqués que la Belgique est censée exporter en France, a pour destination des pays d'outre-mer.

Des négociants et commissionnaires français qui achètent des marchandises en Belgique, les font diriger sur l'entrepôt de Paris d'où elles sont ensuite expédiées, avec d'autres marchandises françaises, vers les pays lointains. Il est certain que les articles : habillements et modes, les munitions de guerre et les armes portatives, les tissus de laine et de lin, qui, d'après les Tableaux du commerce, sont censés être pour la consommation de la France, reçoivent, en grande partie, la destination que nous indiquons (2).

De son côté, la France exporte en Belgique pour fr. 20,844,000 en produits fabriqués, c'est-à-dire près du double de nos exportations en France en produits similaires. Notons que la population belge ne forme que le huitième de celle de la France. Les principaux articles sont : 1° habillements et modes, fr. 870,000 ; 2° livres, fr. 819,000 ; 3° mercerie, fr. 1,001,000 ; 4° passementeries, fr. 564,000 ; 5° savons, fr. 417,000 ; 6° tissus de coton, fr. 1,147,000 ; 7° tissus de laine, fr. 4,742,000 ; 8° tissus de soie, fr. 6,207,000.

Un grand nombre de ces articles, tels que : la mercerie, la passementerie, les savons, les tissus de coton, de laine et de soie, pourraient nous être fournis à aussi bon compte par la Suisse, l'Allemagne et l'Angleterre. Nous pouvons d'ailleurs les produire nous-mêmes.

(1) D'après le tableau du commerce de la France, nos importations de toiles dans ce pays, seraient de fr. 4.028,886 (*valeurs actuelles*).

(2) Les tissus de laine et les armes sont prohibés en France.

Si donc la Belgique se trouvait dans la nécessité d'élever les droits sur les marchandises de provenance française, elle ne se ferait pas à elle-même un grave préjudice.

RÉSULTATS DU TRAITÉ DE 1845.

Maintenant nous allons examiner quels ont été les effets du traité avec la France jusqu'à l'année 1851 inclusivement.

Les marchandises pour lesquelles la France nous a fait des concessions par le traité du 15 décembre 1845 sont : 1° les fils et tissus de lin, 2° les machines et mécaniques, 3° les ardoises.

Voyons quelles ont été nos exportations vers la France depuis 1845.

Voici, d'après nos Tableaux du commerce, le relevé des exportations de ces marchandises depuis 1841.

Relevé des importations en France des quatre articles de provenance belge favorisés par le traité de 1845.

MARCHANDISES.		1841	1842	1843	1844	1845	1846	1847	1848	1849	1850	1851
Fils de lin et de chanvre.	Valeur fr.	1,875,000	1,855,000	3,902,000	6,125,000	7,692,000	6,043,000	5,735,000	770,000	2,395,000	2,541,000	2,076,000
	Quantité kil.	(1)	(2)	1,072,746	1,717,477	2,195,055	1,713,542	1,057,202	215,596	677,004	722,180	385,550
Tissus de lin et de chanvre.	Valeur fr.	20,773,000	16,084,000	15,377,000	17,257,000	16,255,000	14,577,000	10,968,000	5,350,000	5,496,000	4,580,000	5,741,000
	Quantité kil.	2,855,148	2,234,069	2,157,659	2,408,442	2,285,802	2,060,217	1,546,008	742,608	775,688	619,741	519,345
Machines et mécaniques.	Valeur fr.	806,000	1,319,000	5,593,000	2,555,000	814,000	268,000	147,000	61,000	181,000	217,000	501,000
	Quantité kil.	506,080	515,592	1,542,264	918,014	516,256	270,539	118,480	45,785	70,350	76,265	158,044
Ardoises pour toitures, valeur fr.		149,000	102,000	109,000	157,000	167,000	74,000	68,000	55,000	52,000	49,000	59,000

(1) Le Tableau du commerce n'indique pas la quantité pour l'année 1841.
(2) Même observation que pour l'année 1841

Les chiffres indiqués ci-dessus sont extraits de documents officiels, et répondent au *commerce spécial*, c'est-à-dire que les marchandises exportées sont destinées à la consommation intérieure.

Ainsi, malgré le traité avec la France, les exportations belges vers ce pays sont tombées dans l'intervalle de six ans (1845 à 1851) de fr. 23,925,000 à fr. 5,817,000 pour l'industrie linière, soit une diminution de 75 p. c.; de fr. 814,000 à fr. 501,000 pour les machines et mécaniques; de fr. 167,000 à fr. 59,000 pour les ardoises.

Les événements politiques de 1848, qui ont amené une stagnation générale dans les transactions commerciales, qui ont fait descendre nos exportations à un chiffre pour ainsi dire insignifiant, n'ont pas eu de réaction en 1849.

Nos exportations, qui étaient, en 1847, pour les marchandises favorisées par le traité, de fr. 15,766,000, sont tombées en 1848 à fr. 6,560,000, et, nonobstant le vide qui a dû se produire pendant l'année 1848, il n'en est pas résulté d'augmentation proportionnée les années suivantes. Les exportations de 1849 n'ont été que de fr. 8,557,000, soit fr. 7,209,000 en moins comparativement à l'année ordinaire de 1847.

Si, pendant les six années qu'a existé la convention de 1845, nos exportations ont toujours été en diminuant; si de plus, après une crise commerciale occasionnée, non par une surabondance de marchandises, mais par des événements politiques, la Belgique n'est pas parvenue à remplir, en partie, le vide qui s'est fait sur son principal marché où elle a des relations établies depuis longtemps, il faut en conclure qu'un traité avec la France sur les bases de celui du 13 décembre 1845 ne pourrait plus arrêter la décroissance de nos exportations vers ce pays.

L'industrie linière mérite surtout un examen approfondi. Nous allons y consacrer quelques pages, et nous arriverons à ce résultat déplorable pour notre industrie linière, que les progrès incessants opérés en France dans cette industrie rendent désormais toute lutte impossible de notre part.

Il est à remarquer que l'industrie française ne fait pas seulement des progrès dans une seule qualité de fil, mais qu'elle nous exclut peu à peu de ses marchés pour toutes les espèces, et cependant les filateurs belges accordent des prix de faveur à nos voisins du Midi.

La France, autrefois, nous offrait un débouché important pour l'écoulement de nos produits liniers; non seulement elle nous en achetait de grandes quantités pour sa propre consommation, mais elle se chargeait encore de les exporter en Espagne, en Italie, dans le Levant et dans les colonies.

Aujourd'hui, il serait imprudent de se faire illusion au point de croire que la Belgique peut encore compter sur la France pour l'écoulement de ses produits liniers; c'est un marché qui lui échappe de jour en jour, et le moment n'est pas éloigné où elle s'en trouvera totalement exclue par les développements que l'industrie linière reçoit chez nos voisins.

Un fait suffit pour démontrer complétement ce que nous avançons; c'est que la France, qui recevait autrefois nos produits liniers pour des sommes considérables, exporte aujourd'hui elle-même ses propres produits. Le chiffre de ses exportations, en 1851, s'est élevé, pour les fils de lin et de chanvre, à fr. 1,200,000, et pour les tissus de lin, à fr. 18,400,000. Nous avons cru devoir présenter les valeurs *actuelles*, la différence entre ces valeurs et les valeurs *officielles* étant trop considérable. Celles-ci sont de fr. 1,000,000 pour les fils, et de fr. 28,600,000 pour les tissus de lin.

Les exportations générales de la Belgique, en tissus de lin, pendant la même année, ont été, d'après les documents officiels, de fr. 12,075,000.

Ainsi, les exportations françaises en tissus de lin étaient déjà, en 1851, un tiers plus élevées que les exportations belges.

Ces chiffres sont très-concluants; ils n'ont pas besoin de commentaires, ils en disent plus que tous les raisonnements possibles.

D'après les développements que la filature du lin a reçus dans ces dernières années, en France, on peut être certain que ces exportations iront toujours en augmentant.

Au moment de la signature du premier traité en 1842, la France possédait 120,000 broches; en 1845, lors de la conclusion du nouvel arrangement, elle en comptait 250,000; aujourd'hui, elle en a plus de 400,000 (1), et elle ne s'arrêtera pas là.

Nous avons fait connaître la décroissance des exportations de fils et tissus de lin belges en France; voici un tableau analogue en ce qui concerne les exportations de fils et tissus de lin anglais vers le même pays.

(1) La Belgique ne compte que 140.000 broches au plus.

*Relevé des exportations de fils et de tissus de lin anglais vers la
France, depuis 1837 jusqu'à 1851.*

ANNÉES.	FILS DE LIN.	TISSUS DE LIN.	ANNÉES.	FILS DE LIN.	TISSUS DE LIN.
	fr.	fr.		fr.	fr.
1837	10,979,246	2,277,944	1845	18,789,923	2,580,468
1838	18,276,020	5,923,672	1846	10,405,333	1,731,058
1839	23,056,134	4,118,754	1847	5,292,400	1,329,336
1840	24,040,756	4,348,699	1848	742,194	492,764
1841	57,165,982	6,329,746	1849	596,552	1,388,915
1842	45,477,496	8,174,429	1850	950,966	1,455,909
1843	26,262,840	2,896,841	1851	1,647,021	947,458
1844	25,568,997	2,950,575			

On voit par ce relevé que l'année 1842 est celle où les exportations en tissus liniers d'Angleterre en France ont été le plus considérables. Il a été importé dans le courant de cette année pour
fr. 43,477,496 de fils de lin, et pour fr. 8,174,439 de toiles. Mais,
à partir de 1843, ces chiffres ont toujours été en diminuant,
à tel point qu'en 1851, les exportations anglaises sont tombées à
fr. 1,647,021 pour les fils, et à fr. 947,438, pour les toiles.

Cette baisse doit être attribuée non seulement au relèvement du
tarif français qui eut lieu le 26 juin 1842, mais encore aux progrès
incessants de la filature du lin en France depuis cette époque.

Nous ne devons donc pas nous exagérer l'importance future du
marché français. C'est un marché que nous devons considérer
comme étant perdu pour nous. Pour le reconquérir, en partie, un
traité de commerce serait insuffisant. Il faut quelque chose de plus :
la perfection et le bon marché. C'est à quoi nos producteurs doivent
songer sérieusement. C'est dans le perfectionnement et dans l'emploi de moyens économiques de travail, bien plus que dans des
traités de commerce que se trouve l'avenir de notre industrie linière.

A ce propos, nous croyons devoir abandonner un moment, le
sujet spécial qui nous occupe, pour entrer dans quelques considérations générales.

On évalue à 200 millions de francs la valeur des tissus de lin et de chanvre que les divers pays où cette fabrication est établie, exportent à l'étranger. Dans ce chiffre, la Belgique, qui pendant longtemps a rendu le monde entier tributaire de ses toiles, ne figure que pour 12 ou 15 millions, et encore, comme on l'a dit avec raison : « Faut-il comprendre dans cette somme quatre millions et demi qu'elle doit en grande partie, à un privilège dont elle jouit momentanément en France, mais qu'elle a bien payé (1). »

N'est-il pas déplorable de voir la Belgique exporter en Angleterre et en France, pour environ fr. 18,000,000 de lin brut récolté sur son sol, lorsqu'elle n'exporte que pour fr. 12,000,000 de tissus de lin, tandis que la France, indépendamment de son propre marché auquel elle pourvoit et qui était autrefois approvisionné par nous, exporte pour plus de fr. 18,000,000 de ces tissus, et que l'Angleterre en envoie dans les cinq parties du monde pour plus de fr. 95,000,000 ?

Voici, d'après des documents officiels, le relevé des exportations de l'Angleterre en fils et tissus de lin pendant l'année 1851 :

Fils de lin. Liv. st. 955,959, soit . . . fr. 23,598,475.
Tissus de lin. » 5,827,445, soit . . » 95,685,075.

Nous ne parlons pas de la consommation intérieure qui doit être considérable dans le Royaume-Uni.

Ainsi, l'Angleterre exporte annuellement pour fr. 120,000,000 de produits liniers, et la Belgique, qui fut, pendant des siècles, le centre de l'industrie linière, qui en avait en quelque sorte le monopole, n'en exporte plus, d'après le relevé de 1851, que pour fr. 16,652,000, répartis comme il suit :

Fils de lin. . . . . fr. 4,579,000 »
Tissus de lin. . . . . » 12,073,000 »

Voici les réflexions que fait à ce sujet un journal d'Anvers, le *Précurseur*.

« Pour que l'industrie linière soit tombée chez nous dans un
« pareil état de décadence relative, il faut nécessairement qu'il y
« ait un vice radical dans le système économique. Sans cela, com-
« ment verrions-nous dépérir dans les Flandres une branche de

(1) *Précurseur d'Anvers.*

« travail qui devient florissante autour de nous dans des condi-
« tions moins favorables?

« Nul pays ne possède, en effet, au même degré que le nôtre les
« divers éléments nécessaires à son développement et à sa prospé-
« rité. La Belgique produit les meilleurs lins connus. Nos concur-
« rents viennent eux-mêmes nous les enlever. Ce ne sont pas les
« habiles tisserands qui nous manquent. Ils sont nombreux, au
« contraire. La main d'œuvre est à meilleur marché qu'en Angle-
« terre et en France. On peut se procurer sans peine des mécani-
« ques et des métiers tout aussi perfectionnés que partout ailleurs. »

Après avoir fait ces réflexions qui nous paraissent très-judicieu-
ses, le même journal ajoute : que manque-t-il donc à un pays doué
de tant d'éléments de succès, pour qu'il y ait décadence, au lieu
d'accroissement de travail? et il répond : deux choses :

1° La matière première, c'est-à-dire le *fil* à bon marché (1);
2° Une direction à la fabrication.

Nous, nous dirons aussi qu'il manque deux choses, mais nous
ne sommes point complétement d'accord avec le *Précurseur* sur
la nature de ces deux choses. Nous pensons, nous, que si les capitaux affluaient vers cette industrie et qu'une bonne direction fût
donnée à la fabrication, l'industrie linière pourrait redevenir florissante chez nous. La matière première, nous la possédons; et si
nos fils coûtent plus cher qu'en Angleterre, c'est parce qu'on em-
ploie ici de meilleurs lins et que nos filatures sont trop petitement
montées relativement à celles de l'Angleterre.

Si nos filatures étaient organisées sur de plus larges bases et
si elles employaient plus de lin étranger, elles seraient en mesure
de vendre aux mêmes prix que les anglais.

L'Angleterre a importé chez elle, en 1850, 92,604,234,000 kilog.
de lin et d'étoupes de lin et de chanvre.

Pour donner une idée du développement qu'a pris l'industrie
linière en Angleterre, nous mettrons sous les yeux de nos lecteurs
le relevé des importations en lin et des exportations anglaises en fil
et tissus de lin depuis 1851 jusqu'à l'année 1851. Nous placerons
en regard, le relevé de nos importations et de nos exportations
dans les mêmes marchandises, pendant la même série d'années.

(1) Le *Précurseur* entend par *fil* à bon marché le *fil anglais* pour lequel il demande
l'abaissement du tarif.

Relevé des importations de lin en Angleterre et en Belgique (1).

ANNÉES.	Unité.	ANGLETERRE.	BELGIQUE.	ANNÉES.	Unité.	ANGLETERRE.	BELGIQUE.
1831	Kil.	47,570,000	95,614	1842	Kil.	58,205,000	957,185
1832	»	49,912,000	25,875	1843	»	73,007,000	983,018
1833	»	57,585,000	440,651	1844	»	80,141,500	1,787,466
1834	»	41,236,000	251,589	1845	»	71,125,000	955,542
1835	»	57,653,000	577,149	1846	»	58,272,000	1,762,725
1836	»	77,679,000	566,842	1847	»	55,446,000	1,234,595
1837	»	50,844,000	491,082	1848	»	74,354,000	1,076,548
1838	»	82,615,000	749,836	1849	»	91,784,700	3,366,770
1839	»	62,164,000	670,329	1850	»	92,604,234	5,757,864
1840	»	65,665,000	795,595	1851	»	60,664,547	5,716,611
1841	»	68,420,000	1,041,276				

Comme on le voit, l'importation générale des lins teillés, en Angleterre, s'élevait, en 1850, à plus de 92 millions de kilogrammes. En 1831, elle n'était que d'environ moitié.

L'Angleterre consomme tout ou presque tout ce lin (en 1850, 92 millions 604,234 kilog.), ainsi que celui qu'elle produit; on ne voit pas, sur ses Tableaux, figurer cet article à la sortie.

Les 2/3 au moins des lins importés proviennent de Russie; presque tout le reste est tiré des ports allemands, des Pays-Bas et de la Belgique.

(1) Le chanvre ne figure pas dans ce relevé. L'Angleterre importe de grandes quantités de ce filament.
Voici un aperçu des importations durant les dernières années :

		kil.
1846 (*)	. . . .	44,851,000
1847	. . . .	41,225,000
1848	. . . .	42,965,000
1849	. . . .	53,952,600
1850	. . . .	48,270,000
1851	. . . .	64,775,435

(*) Les deux tiers au moins du chanvre importé proviennent de Russie.

Le tableau qui suit fait ressortir l'accroissement considérable, depuis 1836, des exportations anglaises en produits liniers et la diminution effrayante qu'ont subie celles de Belgique.

Valeurs des fils et toiles de lin, d'Angleterre et de Belgique, exportés pour tous pays, de 1837 à 1851.

	FILS A TISSER.		TOILES.	
	ANGLETERRE.	BELGIQUE.	ANGLETERRE.	BELGIQUE.
	fr.	fr.	fr.	fr.
1837 . . .	11,985,000	1,454,868	51,586,000	30,810,213
1838 . . .	18,657,000	1,524,197	67,950,000	57,064,408
1839 . . .	20,461,000	1,580,596	82,505,000	24,458,085
1840 . . .	20,572,000	2,249,542	79,870,000	26,111,068
1841 . . .	24.512,000	5,065,980	80,012,000	26,923,883
1842 . . .	25,659.000	5,585,877	55,454.000	21,389,481
1843 . . .	22,500,000	5,539.223	65,000.000	19,855,113
1844 . . .	26.267,000	7,575,264	75,620,000	21,586,828
1845 . . .	26.514,000	9.000,000	75,909,000	21,540,455
1846 . . .	21.885,000	7,845,000	70,770,000	19,385,000
1847 . . .	16,247,000	5,026.000	75.971.000	16,166,000
1848 . . .	12.556,000	2,545,000	70,070,000	11,455,000
1849 . . .	22,429.000	5,618.000	76,848,000	16,548,000
1850 . . .	26,509,975	5,510.000	94,890,425	15,858,000
1851 . . .	25,598,475	4.579,000	95.685,075	12,075,000

Ainsi, l'exportation des *fils* anglais a augmenté de plus de 100 p. c. en quinze ans; tandis que celle des *fils* belges, après avoir augmenté jusqu'en 1845, a diminué, à partir de cette époque, de 50 p. c. environ.

L'exportation des *toiles* anglaises s'est accrue, dans le même intervalle, de 90 p. c., tandis que celle des *toiles* belges a diminué de 60 p. c.

L'exportation des *fils de lin* anglais a pour destinations principales: les Villes Anséatiques, les Pays-Bas, la Russie, l'Indo-Chine, la Turquie et le Levant. Jusqu'en 1845, la France en recevait à elle seule les 3/4. Aujourd'hui, elle ne figure dans ces exportations que pour une faible fraction.

Quant aux *toiles*, les débouchés se classent habituellement dans l'ordre ci-après : les États-Unis, le Brésil, les possessions anglaises d'Amérique, le Mexique, la Plata, le Pérou, le Portugal, la Colombie, Haïti, le Chili, les Deux-Siciles, Gibraltar, et les Indes orientales.

La culture du lin continue d'être en Irlande l'objet d'une grande attention. Une société royale, qui est composée des personnes les plus influentes du pays, et dont le siége est à Belfast, a pour mission spéciale l'encouragement et l'amélioration de cette culture. Des instructeurs élevés par ses soins sont envoyés dans toutes les localités où leurs services peuvent être utiles, et l'emploi de ces agriculteurs pratiques par les fermiers produit partout des résultats très-satisfaisants.

La fabrication des tissus de lin, dont la prospérité repose sur les progrès de la culture de cette plante, s'est surtout établie dans le nord de l'île et y occupe de 200,000 à 300,000 individus. Elle a donné à cette partie de la contrée une aisance qui manque totalement aux autres provinces ; c'est d'ailleurs la seule branche d'industrie qui ait résisté en Irlande à la détresse générale.

Les filateurs irlandais emploient beaucoup de lin étranger, spécialement de Russie et d'Allemagne. On a vu plus haut le tableau de l'importation générale du lin dans le Royaume-Uni. C'est en Irlande que se fabriquent presque toutes les toiles à destination de l'Union Américaine, pays qui en achète annuellement à l'Angleterre pour 25 millions au moins. Les importations totales aux États-Unis sont de 50 à 55 millions.

Nous avons dit que la Belgique exportait pour 18,000,000 fr. de lin brut.

Nous allons mettre sous les yeux de nos lecteurs le relevé de nos exportations de lin vers l'Angleterre et la France depuis 1851.

Relevé des exportations de lin belge vers l'Angleterre et la France.

ANNÉES.	ANGLETERRE.	FRANCE.	ANNÉES.	ANGLETERRE.	FRANCE.
	Kil.	Kil.		Kil.	Kil.
1831	3,773,904	1,717,026	1842	1,967,301	1,800,750
1832	2,656,477	1,166,659	1843	2,261,826	1,861,156
1833	3,223,409	1,225.719	1844	2,075,880	2,240,234
1834	1,693,155	1,355,777	1845	3,788,484	3,256,400
1835	3,073,121	1,540,273	1846	2,505,604	3,074,667
1836	3,202,450	1,790,784	1847	1,856,824	3,525,417
1837	4,600,847	2,929,619	1848	2,606,525	3,596,033
1838	6,670,951	2,658.178	1849	3,789,028	6,100,857
1839	7,239,557	1,551,722	1850	3.289,657	5,656,111
1840	3.654,043	2,107,307	1851	3,965,457	3,175,416
1841	4,203,874	2,307,469			

Il résulte de ce tableau que les exportations de lin de Belgique
vers l'Angleterre ont été considérables pendant les années 1836,
1837, 1838 et 1839. De 1840 à 1844, elles diminuèrent sensible-
ment. On remarquera que c'est précisément pendant ces années
que la concurrence anglaise devint fatale à notre industrie linière.
C'est qu'à nos bons lins de Courtray et de Lokeren, l'industrie britannique substituait les lins d'Irlande et de Russie qui coûtent
beaucoup moins cher que les nôtres. Mais comme on a dû s'a-
percevoir que les toiles fabriquées avec ces matières de qualité
inférieure, étaient moins solides, nos exportations en lin vers
l'Angleterre ont repris leur mouvement ascensionnel; en 1845, la
filature anglaise est revenue à nos bons lins.

Quant à la France, nos exportations vers ce pays étaient moins
considérables et elles sont restées à peu près stationnaires de 1831
à 1843. Mais à compter de l'année 1844, le développement du travail linier devint si rapide, chez nos voisins, qu'outre la grande
quantité de lin récoltée en France, la filature française a tiré de la
Belgique, en 1849, 6,100,837 kil. de lin.

N'est-il pas regrettable de voir sortir du pays une matière première aussi précieuse que celle-là, une matière première qui, convertie en tissus, représenterait une valeur de fr. 120,000,000 au moins? Avons-nous raison de dire que la Belgique ne possède pas le génie industriel, lorsque, malgré la fertilité de son sol, les richesses minérales de toute espèce que renferment les profondeurs de son territoire, le grand nombre de bras dont elle dispose, l'esprit persévérant de ses enfants, elle en est réduite à laisser exporter les matières premières d'un fabricat pour lequel elle jouissait jadis d'une réputation universelle?

Il est temps qu'elle sorte de cette situation inférieure; il est plus que temps que la Belgique songe sérieusement à agrandir le cercle de ses opérations, si elle veut éviter les perturbations que les événements politiques qui surgissent dans les pays voisins ou le mauvais vouloir de ceux-ci peuvent lui occasionner.

Le résultat du traité de 1845 relativement à notre industrie linière, n'a donc eu aucun pouvoir pour en arrêter la décadence; nous ne devons guère désirer le renouvellement de ce traité, et bien moins encore faire des sacrifices dans ce but spécial.

Si nous examinons maintenant l'influence du tarif de 1845, sur le commerce d'importation de la France, pour les objets favorisés, nous verrons qu'il a été très-profitable à ce pays.

Les concessions, faites par la Belgique à la France, portent sur : 1° les vins; 2° les tissus de soie; 3° les fils et les tissus de laine; 4° les draps, casimirs et tissus similaires; 5° les habillements; 6° les ouvrages de modes; 7° le sel; 8° les tissus de coton.

Voici le relevé des importations de ces marchandises d'après les tableaux du commerce belge depuis 1841.

Relevé, d'après les Tableaux du commerce belge, des importations en Belgique des sept articles de provenance française favorisés par le traité de 1845. — Commerce spécial. — Valeurs permanentes. — 1841 à 1851.

MARCHANDISES.		1841	1842	1843	1844	1845	1846	1847	1848	1849	1850	1851
Vins.	Valeur fr.	5.670,429	4.566,585	6.507,062	4.567,587	5.850,000	4.572,000	7.156,000	5.905,000	6.605,000	6.595,000	5.855,000
	Quantité hect.	85,808	67,178	98,444	66,404	86,457	62,258	107,789	56,760	99,742	97,835	86,278
Tissus de soie.	Valeur fr.	4.548,562	4.650,867	4.921,984	5.415,794	5.650,000	5.044,000	5.598,000	4.994,000	6.465,000	6.584,000	6.207,000
	Quantité kil.	59.245	42.205	44,754	49,191	51,277	45,774	48,957	45.285	58.590	59.716	56.267
Fils de laine,	Valeur fr.	874.240	632.490	476,062	516.458	552.000	659.000	2.145.000	5.805.000	5.550.000	5.802,000	4.585.000
	Quantité kil.	58,761	42,259	51.860	21,108	56,955	44,185	145,875	255,948	255.705	255,745	292,604
Tissus delaine, draps, etc.	Valeur fr.	4,470.285	5,695.659	5.575.056	5,480.121	5.562,000	5,510,000	5,740.000	5,571,000	4,419,000	4.576,000	4,745,000
	Quantité kil.	166.990	154,589	125,990	141.556	116.214	156.525	154,528	148,252	179.464	186,052	192,405
Habillements et modes.		1.510.567	1.157.927	949.916	751.575	668.000	666,000	805.000	520,000	807,000	865,000	870,000
Sel.	Valeur fr.	778,750	192.006	492,560	181,687	"	"	"	"	97,000	984,000	2,825,000
	Quantité kil.	3,114,918	770,428	1.969,441	726.750	"	2.000	"	"	589,800	3,955,680	11.290.275
Tissus de coton,	Valeur fr.	1.465,566	1,003.900	914,785	950,560	1.256,000	1,092,000	1.515,000	1,111,000	1,218,000	1,078,000	1.147,000
	Quantité kil.	115,245	80,282	75.629	74.617	99.622	89,172	104,400	89.616	99,859	88.405	95.040

Ces chiffres constatent une augmentation croissante, chaque année, pour presque tous les articles qui font l'objet des stipulations de la France dans le traité de 1845. C'est ainsi que les vins sont montés de 5,850,000 fr. en 1845, à 7,156,000 fr. en 1847, et à 6,855,000 fr. en 1851. En ce qui concerne les tissus de soie, il résulte de la comparaison entre les années 1845 et 1850, une augmentation de près d'un million en faveur de cette dernière année. L'article qui a fait le plus de progrès, ce sont les fils de laine; de 552,000 fr., chiffre auquel elles étaient arrivées en 1845, les importations ont monté à celui de 5,802,000 fr. en 1850; pour l'année 1851, la différence est encore plus grande, le chiffre est de 4,385,000 fr.; c'est-à-dire que les importations de cette dernière année sont huit fois plus élevées que celles qui eurent lieu en 1845. Les tissus de laine ont augmenté d'un million. Le sel qui ne s'importait point en 1845, est arrivé au chiffre de 984,000 fr. en 1850, et à 2,825,000 fr., en 1851.

Ainsi, en comparant la somme de nos exportations vers la France avec celle des importations de ce pays, on doit forcément reconnaître que les effets du traité ont été plus favorables à la France qu'à la Belgique, et que, si ce traité devait être renouvelé sur les mêmes bases, tout l'avantage serait encore pour la France.

Si donc ce traité n'est pas renouvelé, la Belgique ne doit pas trop le regretter.

Sous un autre rapport, cet acte n'a plus, en 1852, la portée qu'il avait pour nous, en 1845. Depuis cette époque, les fils et tissus de lin ont diminué de valeur. En maintenant le droit stipulé par le traité, il s'en suit que relativement à l'industrie française, la protection est plus forte aujourd'hui qu'en 1845; le tissu de lin, qui valait alors 8 fr. le kilogr., ne coûte plus maintenant que 6 fr. Le droit portant sur 6 fr. au lieu de 8 fr., il en résulte que nous payons plus actuellement qu'en 1845.

Nous disons donc que si la France ne devait pas nous accorder d'autres avantages que ceux qui étaient stipulés par le traité de 1845, mieux vaudrait pour nous renoncer définitivement à toute convention douanière et rester dans le droit commun. Il n'y aurait pas grand danger à faire l'expérience de notre libre arbitre pour nos relations internationales avec nos voisins du Midi.

D'un autre côté, d'après ce que nous avons exposé plus haut, on a vu que nous n'avons rien à craindre d'une guerre de tarifs.

Sans doute, certains intérêts belges pourraient souffrir momentanément. Mais les intérêts français se trouveraient bien plus froissés et les réclamations de l'autre côté de la frontière seraient bien plus nombreuses et bien plus énergiques que chez nous.

Ainsi, nous ne nous dissimulons pas que la brusque rupture de nos rapports commerciaux avec la France porterait quelque perturbation dans certaines industries. Il est fâcheux qu'on se soit accoutumé en Belgique à ne compter que sur les pays voisins pour écouler ses produits. Il y a longtemps que nous aurions dû porter nos vues plus loin. Nous devons regretter de n'avoir pas songé plus tôt, afin de préserver le pays de toute perturbation fâcheuse, à diriger nos entreprises au-dehors et notamment vers les pays transatlantiques, en concurrence avec celles de l'Angleterre, de la France et de l'Allemagne.

Le marché du monde est immense ; si la Belgique l'exploitait un peu plus, elle trouverait bientôt une compensation à la diminution qu'elle subirait dans ses exportations vers la France. Notre pays, sous le rapport des ressources naturelles du sol, comme sous celui du travail industriel, ne le cède en rien à aucun des pays rivaux que nous venons de nommer ; au contraire, nous soutenons qu'elle possède plus d'éléments de prospérité qu'aucun d'eux : son sol est riche en matières premières, et les travailleurs y sont nombreux ; ce qui lui manque, c'est l'esprit d'entreprise.

Si la Belgique possédait le génie industriel et l'esprit entreprenant de la nation anglaise, au lieu d'expédier ses matières premières en Angleterre et en France, comme elle le fait, elle garderait ces matières précieuses pour en faire des produits manufacturés qu'elle exporterait dans tous les pays du monde, et au lieu d'avoir beaucoup de bras inoccupés, elle se plaindrait de n'en avoir pas assez, comme le fait aujourd'hui l'Angleterre.

Écoutons ce que dit à ce sujet l'un des principaux organes de la presse anglaise, le *Times*.

Ce journal, après avoir exposé les immenses progrès que fait annuellement la production britannique, dit :

« Seulement, un point de difficulté se présente à nous à l'aspect de ce grand mouvement en avant. Il n'y a pas le moindre doute quant à l'accroissement de la demande, et, par conséquent, du profit des manufacturiers. Nos doutes sont d'une autre nature et sont justifiés par les faits que nous venons de relater : ils se rapportent au nombre des ouvriers. C'est de ce côté que commence à apparaître le point faible des entreprises britanniques. Dans chaque branche de l'industrie, la *pénurie de bras a été éprouvée cette année à un degré jusqu'à présent inconnu et inconcevable.*

« Les manufacturiers du comté de Lancastre n'avaient pas jusqu'ici éprouvé de difficulté à cet égard, parce que, même lorsque les ouvriers agricoles ne venaient pas se présenter à eux, l'Irlande était là, leur fournissant des populations inépuisables. Mais aujourd'hui, toute l'Irlande émigre en Amérique, et toute l'Angleterre semble vouloir se diriger vers l'Australie. L'émigration des deux îles a été, l'année dernière, d'environ 350,000 personnes, et cette année nous devrons y ajouter les 100,000 hommes qui, probablement. sont partis pour les champs aurifères de l'hémisphère austral.

« Si les machines à vapeur et les broches des ateliers du comté de Lancastre sont presque inactives, par suite du manque de force humaine, quelle chance y a-t-il que l'Angleterre et l'Irlande leur en fournissent d'avantage l'année prochaine et, à plus forte raison, l'année suivante? L'avenir se présente plus menaçant d'année en année.

« Le danger est trop nouveau pour pouvoir encore être bien apprécié; car nous avons été accoutumés depuis longtemps à nous préoccuper de la surabondance de la population, de paupérisme, de prix de travail, de constructions, de routes et de bien d'autres sujets paraissant faire partie de la constitution britannique et être inséparables du sol de ce pays.

« Cependant, il s'est accompli jusqu'ici de grandes révolutions sociales, et nous en voyons s'accomplir une à notre époque, par suite de la décroissance extraordinaire de l'offre du travail et de l'augmentation de son prix. Où nous adresserons-nous pour trouver un remède? Nous répondrons sans hésitation: aux lieux où nous en avons souvent trouvé auparavant et où nous en trouvons actuellement, *au continent de l'Europe, à la population de la Belgique, de l'Allemagne et même de la France.* Qu'il soit une fois bien connu que les bras manquent dans notre pays, soit pour la charrue, soit pour la filature, soit pour le tissage, et des millions d'hommes seront prêts à accourir de villes et de villages situés presque en vue de nos côtes. »

Ainsi, malgré ses innombrables agents mécaniques, ses puissantes forces motrices à vapeur et hydrauliques, la Grande-Bretagne manque de bras!

Pour juger sainement du parti que la Belgique pourrait tirer de ses produits fabriqués, si elle parvenait à les exporter et à obtenir seulement une faible part du commerce général, nous donnons ici les résumés du commerce que font l'Angleterre et la France.

*Relevé des principaux produits du Royaume-Uni exportés
en 1851.*

NATURE DES MARCHANDISES.	VALEUR DÉCLARÉE.
	fr.
Alcalis	9.014,125
Bière	14,446,850
Beurre	5,888,450
Chandelles	2,450,150
Fromage	824,000
Charbons de terre	52.550,625
Cordages et câbles	4,649,575
Tissus de coton	551,012,225
Tricots	18,964,250
Fil de coton à coudre	11,319,225
Produits divers en coton	4,881,875
Fils de coton	165,797,400
Poteries	28,064,275
Poissons	8,442,000
Verreries et cristaux	8,164,050
Merceries et modes	43,211,650
Taillanderie, quincaillerie et coutellerie	70,653,300
Cuirs et sellerie	14,964,050
Tissus de lin	95,843,850
Fils { de lin	23,398,475
{ à coudre	6.472,950
Produits divers en lin	500,100
Machines et mécaniques	29,123,325
Fer brut, ouvré, et acier	145,754,225
Cuivre brut et ouvré	40,681,875
Plomb	8,628,725
Étain brut et ouvré	27,582,525
Huiles de lin et de colza	11,804,875
Couleurs et substances pour peinture	6,421,150
A reporter	1,390,680,150

NATURE DES MARCHANDISES.	VALEUR DÉCLARÉE.
	fr.
Report. . . .	1,590,680,150
Sel	5.906,900
Soie. { tissus et tricots de	28.575,275
{ (fils de)	4,910,950
Savon	5,555,050
Fournitures de bureaux	10,052,600
Sucres raffinés	9,201,025
Laine { brute.	11,470,050
{ tissus et tricots de	209,295,600
{ (fils de)	57,110,875
Total. . . .	1,712,516,475

Voici, suivant le rang d'importance, les principaux débouchés des produits britanniques.

Pays étrangers : — État-Unis d'Amérique, Villes Anséatiques, Pays-Bas, Turquie, Brésil, Russie, Chine, Portugal, Açores et Madère, France, Chili, Mexique, Pérou, Belgique, Toscane, Indes Occidentales espagnoles, Deux-Siciles, Espagne et dépendances d'Europe, États Sardes, Côte occidentale d'Afrique, Égypte, Autriche (États d'Italie), Plata, Prusse et Mecklembourg, Indes orientales néerlandaises, Suède et Norwége, Danemarck, Grèce, Syrie et Palestine, Nouvelle Grenade, Valachie et Moldavie, Uruguay, États Romains, Iles Philippines, Hanovre.

Possessions anglaises : — Indes orientales, Amérique du Nord, Indes Occidentales, Australie, Gibraltar, Cap de Bonne-Espérance, Jersey, Guernesey et Man, Ile de Malte, Iles Ioniennes, Ile Maurice, Honduras.

En 1848, pendant que les envois de l'Angleterre faiblissaient avec les principaux pays du continent européen vivement tourmentés alors par la crise politique, son commerce d'exportation prenait de l'extension en beaucoup d'autres contrées, notamment en Russie, en Turquie, en Grèce, en Portugal, dans les États Sardes; il perdait aux États-Unis, mais il obtenait un accroissement marqué au Mexique.

Produits de France exportés en 1851. — Valeur officielle. — Commerce spécial.

DÉSIGNATION DES MARCHANDISES.	1850	DÉSIGNATION DES MARCHANDISES.	1850
	Fr.		Fr.
Tissus de soie et de fleuret.	204,500,000	Report. .	1,068,100,000
Tissus de coton.	165,300,000	OEufs.	6,700,000
Tissus de laine.	132,200,000	Bois communs.	6,200,000
Céréales.	95,700,000	Poissons de mer.	6,000,000
Vins.	79,600,000	Médicaments composés. .	5,000,000
Tabletterie, bimbeloterie, mercerie, parapl., meubles et ouvrages en bois.	41.800,000	Machines et mécaniques. .	4,800,000
Peaux ouvrées.	57,400,000	Graines et fruits oléagineux.	11,900,000
Poterie, verres et cristaux.	52,900,000	Savons.	5,800,000
Tissus de lin ou de chanvre.	28,600,000	Beurre.	5,500,000
Papier et ses applications.	26,300,000	Horlogerie.	2,700,000
Eau-de-vie et esprit-de-vin.	29,700,000	Articles divers de l'industrie parisienne.	2,600,000
Linge et habillement. . .	25,800,000	Viandes salées.	2,500,000
Sucre raffiné.	17,100,000	Sel de marais et de saline.	2,900,000
Ouvrages en métaux. . .	16,600,000	Chardons cardières. . .	1,500,000
Peaux tannées, corroyées, mégissées ou maroquinées.	10,400,000	Peaux brutes et pelleteries.	2,600,000
Garance.	12,700,000	Coutellerie.	1,600,000
Chevaux, mules, mulets et bestiaux.	12,900,000	Or battu, tiré, laminé ou filé.	1,300,000
Couleurs.	10,700,000	Huile d'olive.	2,100,000
Parfumerie.	12,400,000	Fers.	1,600·000
Huiles volatiles.	8,400,000	Liqueurs.	1,800,000
Fils de coton et de laine. .	10,400,000	Armes.	0,900,000
Extraits de bois de teinture.	8,800,000	Plaqués.	1,500,000
Soies.	6,900,000	Lin.	0,800,000
Graines à ensemencer. . .	9,100,000	Tourteaux de graines oléagineuses. . . .	0,600,000
Fruits de table.	9,600,000	Fils de lin ou de chanvre.	1,000,000
Modes et fleurs artificielles.	6,700,000	Chandelles.	1,000,000
Poils propres à la filature ou à la chapellerie. . .	10,000,000	Laines.	0,900,000
Orfévrerie et bijouterie. .	5,800,000	Tissus de poil.	0,600,000
A reporter. .	1,068,1000,000	Autres marchandises. . .	92,400,000
		Totaux. ,	1,238,500,000

Voici, rangés par ordre d'importance, les principaux débouchés des produits français :

Angleterre, États-Unis, Belgique, Suisse, États Sardes, Espagne, Association allemande (Zollverein), Turquie, Russie, Brésil, Indes anglaises, Deux-Siciles, Pays-Bas, Toscane, Possessions espagnoles d'Amérique, Mexique.

Il est certain que, pour les principaux articles d'exportation mentionnés dans ces relevés, tels que : les armes, la bierre, les chapeaux, les charbons de terre, les tissus de coton, l'ébénisterie, le houblon, les huiles, les tissus de laine, les tissus de lin surtout, les livres imprimés, les machines et mécaniques, la papeterie, les poteries, le sucre raffiné, les verreries et cristaux, les habillements confectionnés, la carrosserie, la Belgique, si elle le voulait fermement, pourrait concourir, sur les marchés ci-dessus désignés, avec l'Angleterre et la France.

On nous objectera peut-être, que notre raisonnement manque de base; que nous ne tenons pas compte des conditions différentes dans lesquelles la production a lieu dans ces pays et en Belgique. On reconnaîtra avec nous que la Belgique peut, quant à la main d'œuvre, rivaliser avec les autres pays manufacturiers ; mais on soutiendra qu'elle n'est pas en mesure d'acheter ses matières premières aussi avantageusement, ni de fabriquer dans les mêmes conditions d'économie que ses rivales, à cause de la grande étendue des relations de celles-ci.

La Belgique, n'ayant qu'un marché très-restreint à l'intérieur et la somme de ses exportations étant très-limitée, ne peut produire à aussi bon marché que l'Angleterre, par exemple, qui, indépendamment de son marché intérieur, qui est très-étendu et dont elle est entièrement en possession, exporte encore des quantités immenses de marchandises sur tous les points du globe. Les frais généraux devant se répartir sur une petite quantité de marchandise, le prix de revient de celle-ci doit être nécessairement plus élevé que si ces frais généraux se répartissaient sur une production dix fois plus considérable.

Cette objection est forte, et c'est parce que nous en apprécions la portée, que nous la prévenons. Nous pensons qu'il n'est pas impossible de parer à ces difficultés en prenant des mesures larges et énergiques.

Ce sont ces mesures qui feront le sujet de la seconde partie de ce mémoire.

SECONDE PARTIE.

MOYENS D'ÉTENDRE LE COMMERCE EXTÉRIEUR DE LA BELGIQUE.

Ce qui manque à la Belgique, c'est un commerce extérieur étendu.

Parmi les mesures à prendre pour augmenter celui qui existe, nous citerons les suivantes :

1° Réforme de notre régime douanier ;

2° Application, dans le sens le plus large et à toutes les industries qui en sont susceptibles, de l'article 40 de la loi sur les entrepôts (1) ;

3° Permanence de la loi accordant l'exemption des droits d'entrée sur les machines, métiers et outils qui sont de construction inconnue dans le royaume ;

4° Établissement de primes à l'exportation pendant un certain temps ;

5° Encouragements aux personnes qui introduisent dans le pays des industries nouvelles ;

6° Direction intelligente imprimée à l'industrie par les fabricants eux-mêmes ;

7° Création d'une société d'exportation ;

8° Établissement de comptoirs sur les principaux points du globe.

(1) L'art. 40 de la loi sur les entrepôts porte : « Le gouvernement est autorisé à permettre, sous caution pour les droits, l'enlèvement temporaire des marchandises destinées à recevoir une main d'œuvre dans le royaume. »

Nous allons exposer, en peu de mots, chacun de ces moyens qui nous paraissent propres à favoriser le développement des relations commerciales de la Belgique.

I. — Réforme de notre régime douanier.

D'après notre système, les matières premières seraient libres à l'entrée; elles ne seraient assujetties qu'à un simple droit de balance pour constater les quantités.

Les matières premières ayant subi une simple manipulation, comme les fils, par exemple, seraient admises à un faible droit.

Les articles que la Belgique ne produit pas ou ne peut produire et qui seraient susceptibles de fraude, ne paieraient qu'un droit modéré.

Il faudrait établir le tarif de manière à prévenir la fraude. Les importateurs aimeront toujours mieux acquitter des droits raisonnables que de payer des primes aux fraudeurs pour faire entrer leurs marchandises.

Les articles que la Belgique ne produit pas ou ne peut produire et qui ne sont pas susceptibles d'être fraudés, seraient soumis à un droit élevé. Ce serait un impôt de consommation.

Les articles manufacturés que la Belgique produit et ceux dont la fabrication pourrait s'étendre à l'aide d'une protection, seraient prohibés.

Du moment où l'on veut établir un droit élevé, la prohibition est préférable, un droit élevé n'empêche pas la marchandise d'être introduite; il n'est qu'un encouragement à la fraude, c'est-à-dire qu'il excite à la désobéissance envers la loi et contribue à rendre immorales les populations limitrophes. De deux choses l'une : ou il faut établir des droits modérés, ou il faut prohiber.

Mais, dira-t-on, dans votre système vous ne tenez aucun compte des intérêts du consommateur; vous ne voyez pas que l'application de la mesure que vous proposez, aurait pour conséquence de faire augmenter le prix des marchandises.

Que chacun se rassure. S'il est vrai qu'immédiatement après l'application de notre système, le prix de certaines marchandises pourrait augmenter ce ne serait qu'un léger sacrifice momentané imposé au consommateur dans un but d'intérêt général, sacri-

lice qui ne serait pas de longue durée; car si la concurrence
étrangère n'existait plus, il y aurait toujours la concurrence entre
les fabricants indigènes. On verrait surgir de nouvelles fabriques,
et par le fait même de cette concurrence, les prix ne tarderaient
pas à revenir au taux où ils étaient avant la prohibition.

La mesure assurerait au moins à notre industrie le marché intérieur et lui permettrait de fabriquer à meilleur marché pour l'exportation, attendu que les frais généraux se répartiraient sur une
plus grande quantité de produits.

On nous objectera encore que ce que nous proposons est en op-
position avec les principes de liberté que nous paraissons profes-
ser en matière commerciale.

Nous répondrons que la mesure ne serait nécessaire que pendant
un certain laps de temps. *Ce serait reculer pour mieux sauter.* Nous
ne devons pas avoir la prétention de faire mieux que nos voisins.
Si la puissance industrielle de l'Angleterre est arrivée au point où
elle est aujourd'hui, c'est grâce à son ancien tarif protecteur. Si la
puissance maritime de ce royaume s'est développée, c'est grâce à
son *acte de navigation*. Si la France tient en Europe le premier rang
sous le rapport industriel et commercial après l'Angleterre, c'est
encore grâce à son système prohibitif. Si des pays comme l'Angleterre et la France, dont les vastes marchés sont déjà de grands
débouchés à leurs produits, ont jugé à propos d'exclure les marchandises étrangères, c'est qu'ils ont eu de bonnes raisons pour en
agir ainsi, et nous devons admettre que les gouvernements de ces
pays savent parfaitement ce qu'ils font.

L'Angleterre a été plus loin : non contente de prohiber ou de
frapper de droits élevés les marchandises étrangères, elle prohi-
bait encore, à la sortie, les machines et mécaniques, pour garder ses
secrets de fabrication, pour en conserver le monopole. C'est, en
effet, à l'emploi des machines et, en partie, à la prohibition de
sortie dont elle les a longtemps frappées, que l'Angleterre est rede-
vable de sa puissance industrielle. Jusqu'à ce qu'intervînt l'acte
du 22 août 1843 qui l'a déclarée libre, l'exportation des machines
était défendue sous les peines les plus sévères et n'avait lieu que
par suite d'exceptions toutes spéciales.

Aujourd'hui que l'industrie anglaise est arrivée à un degré de
puissance qui lui permet de défier celle de tous les pays du monde,
pour le bon marché, l'Angleterre proclame la liberté du commerce
et engage les autres pays à imiter son exemple.

Si nous avions le malheur de l'écouter, nous étoufferions notre industrie, et, au bout de quelques mois, le pays serait inondé de marchandises anglaises.

Un principe que notre système douanier devrait aussi consacrer, c'est la restitution, à la sortie, des droits payés à l'entrée.

Si l'on veut mettre notre industrie à même de lutter avec l'étranger sur les marchés transatlantiques ; si l'on veut que le tarif soit protecteur de l'industrie nationale, il faut le dépouiller de tout caractère fiscal en ce qui concerne les marchandises non destinées à la consommation intérieure.

Le système de draw-back, établi par la France, a produit des résultats immenses, notamment en ce qui concerne les fils et tissus de laine.

Pour donner une idée du développement commercial que ce système a produit, en partie, en France et en Angleterre, nous donnerons, pour ces deux pays, le relevé des importations de deux articles importants : le coton et la laine, en 1850.

Relevé des importations de coton et de laine en Angleterre et en France, pendant l'année 1850.

NATURE DE LA MARCHANDISE.		ANGLETERRE.	FRANCE.
Coton.	Valeur, fr.	538,295,150	105,444,080
	Quantité, kil.	255,005,250	59,466,337
Laine.	Valeur, fr.	48,828,150	46,971,220
	Quantité. kil.	34,584,325 (1)	22,441,506 (2)

(1) On évalue à 81,540,000 kilogr. la masse annuelle des laines produites dans le Royaume-Uni. La quantité que ce pays exporte est évaluée à 4,500,000 kil. ; de sorte qu'il reste dans la consommation 76,040,000 kilogr. Cette quantité, jointe à celle des laines étrangères, donne un total de 110,424,325 kilogr.

(2) M. Rondot, dans son rapport sur l'exposition de l'industrie belge, en 1847, évalue à 72,000,000 kilogr. la production de la laine en France. Cette quantité, jointe à celle qui est importée en France, donne un total de 94,441,506 kilogr.

L'industrie de la laine en Angleterre vient, sous le rapport du nombre des bras qu'elle occupe et de l'importance de ses exportations, immédiatement après la manufacture des cotons.

En 1801, la quantité totale des laines venues du dehors s'élevait à fr. 7,374,000 livres ; en 1815, elle était de fr. 13,654,107 ; en 1850, de 76,768,647. En même temps que ce chiffre décuplait, les sources d'où le commerce britannique tirait ses approvisionnements, éprouvaient des modifications dont le tableau suivant offre un curieux résumé.

Pays de provenance des laines dans le Royaume-Uni (quantités en livres anglaises).

| ANNÉES. | EUROPE. | | | PAYS HORS D'EUROPE. | | | | | TOTAL |
	ESPAGNE.	ALLEMAGNE.	AUTRES PAYS (D'EUROPE).	AMÉRIQUE MÉRIDIONALE.	CAP DE BONNE-ESPÉRANCE.	INDE ANGLAISE.	AUSTRALIE.	AUTRES PAYS HORS D'EUROPE.	GÉNÉRAL.
	livres	livres	livres.	livres.	livres.	livres.	livres.	livres.	livres.
1815	6.927,754	5.157,458	5,416,152	45.858	25,265		75.171	10.291	15,654.167
1820	5.556,229	5.115.442	915.420	87.828	43.869	8.056	99.415	5,56	19,775,605
1825	8.206.427	28.799,661	6.018.881	545.617	27.619		525.995	94,776	45.816.966
1830	1.641,775	26,075,882	2.554.855	26,550	55,407		1.967.509	10,780	52.505.514
1835	1.602.752	25.798.186	8,816,250	2,195.400	191,624	295,848	4.210.501	1,064.191	42.174.552
1840	1.226.905	21.812,664	8.511.264	4.587,274	751,741	2,441.570	9.721,245	515.825	49.456.254
1845	1.074,540	18.484,756	17.606.545	6.468.358	5.512.924	5.975,866	24.177.517	1.515.789	76,815.855
1850	127.559	12.750.011	11.452,554	6.014.525	5.577,495	4,182,855	55.879.171	1.004,679	76.768.647

Le rapprochement des chiffres de la première et de la dernière année de cette série fera ressortir le changement qui s'est opéré dans la provenance des approvisionnements.

			1815. Livres.	1850. Livres.
Laine importée	d'Europe:	Espagne	6,927,754	127,559
		Allemagne	5,157,458	12,750,011
		Autres pays	3,416,152	11,452,554
	des pays hors d'Europe:	Amérique méridionale	45,858	6,014,525
		Cap de Bonne-Espérance	25,565	5.577,495
		Inde anglaise	»	4.182,855
		Australie	75,471	55,879,471
		Autres pays	10,291	1,004,679
		Total	15,654,167	76,768,647

Les sources d'approvisionnement de l'Angleterre sont, en partie, passées, comme on le voit, depuis 1815, des pays d'Europe aux pays hors d'Europe. L'Australie, en particulier, vers 1855, et surtout depuis 1845, est devenue le premier centre d'approvisionnement de la Grande-Bretagne. Les laines de la Nouvelle Galles sont à la fois pour ce royaume un excellent article d'importation et l'objet d'un frêt maritime considérable.

La Belgique devrait s'efforcer d'étendre, le plus possible, ses relations avec cette partie de l'Océanie.

Nous donnons ici les quantités de laine anglaise exportées d'Angleterre pendant les 11 dernières années :

		Livres.
Année	1840	4,810,587
»	1841	8,471,255
»	1842	8,678,691
»	1845	8,179,650
»	1844	8,947,619
»	1845	9,059,448
»	1846	5,851,888
»	1847	5,550.680
»	1848	5,978,842
»	1849	11,200,472
»	1850	12,000,459

Voici maintenant le relevé des importations de laine en France de 1851 à 1851.

Relevé des importations de laine (1) en France de 1851 à 1851. — Commerce général. — Valeur déclarée.

ANNÉES.	PAR MER (valeur).		PAR TERRE (valeur).	TOTAL (par mer et par terre).		
	SOUS PAVILLON FRANÇAIS.	SOUS PAVILLON ÉTRANGER.		VALEUR.	QUANTITÉS. COMMERCE GÉNÉRAL.	COMMERCE SPÉCIAL (2).
	fr.	fr.	fr.	fr.	kil.	kil.
1831	1,556,000	1,990,000	2,943,000	6,489,000	4,407,000	5,836,000
1832	1,927,000	2,631,000	7,257,000	11,815,000	6,857,000	4,622,000
1833	5,790,000	4,366,000	12,889,000	23,045,000	10,926,000	9,306,000
1834	6,429,000	6,215,000	10,963,000	23,607,000	11,715,000	9,231,000
1835	10,679,000	13,412,000	20,677,000	44,768,000	13,859,000	14,845,000
1836	10,219,000	7,260,000	20,460,000	37,939,000	14,587,000	14,166,000
1837	6,278,000	5,847,000	13,089,000	25,214,000	10,402,000	10,000,000
1838	9,144,000	4,126,000	50,697,000	43,967,000	15,487,000	14,926,000
1839	10,948,000	3,852,000	21,929,000	36,709,000	15,751,000	13,612,000
1840	8,092,000	4,126,000	25,487,000	37,705,000	15,698,000	13,456,000
1841	10,048,000	8,553,000	40,084,000	58,685,000	21,227,000	20,324,000
1842	9,442,000	7,050,000	32,643,000	49,135,000	20,935,000	20,587,000
1843	9,276,000	8,510,000	51,935,000	49,721,000	20,607,000	19,756,000
1844	12,521,000	7,190,000	45,201,000	64,722,000	22,787,000	21,274,000
1845	15,996,000	16,494,000	38,655,000	71,145,000	25,761,000	21,408,000
1846	9,025,000	11,901,000	22,078,000	43,004,000	17,018,000	18,468,000
1847	11,132,000	8,021,000	20,693,000	39,846,000	16,396,000	15,629,000
1848	8,412,000	3,390,000	8,054,000	19,856,000	10,433,000	9,430,000
1849	13,154,000	16,841,000	24,901,000	54,896,000	21,763,000	21,796,000
1850	19,715,000	16,567,000	29,201,000	65,481,000	25,004,000	22,442,000
1851	13,960,000	14,860,000	23,512,000	51,655,000	20,733,000	18,014,000

(1) Laines *en masse*. La laine peignée n'est pas comprise dans ce tableau; mais il ne s'en importe que de très-faibles quantités.

(2) C'est-à-dire importée pour la consommation après acquittement du droit.

A côté de ces chiffres nous croyons utile de placer ceux qui constatent le mouvement des importations et des exportations belges en même marchandise, afin que l'on juge combien notre pays est en arrière de ceux que nous venons de nommer.

Relevé des importations et des exportations de laine,
de 1836 à 1851. — Commerce spécial.

ANNÉES.	IMPORTATIONS.	EXPORTATIONS.	ANNÉES.	IMPORTATIONS.	EXPORTATIONS.
	kil.	fr.		kil.	kil.
1836	5,555,275	5,768,607 (a)	1844	5,922,497	316,885
1857	4,561,450	1,058,737 (a)	1845	4,676,810	149,850
1858	3,155,485	1,524,050 (a)	1846	5,561,188	272,262
1859	2,704,812	915,960 (a)	1847	4,101,394	470,863
1840	2,915,172	577,082 (a)	1848	3,251,965	359,987
1841	5,857,454	1,401,541 (a)	1849	4,635,562	550,165
1842	4,061,996	1,582,947 (a)	1850	4,255,470	405,414
1843	5,816,180	1,618,519 (a)	1851	5,172,840	617,580

Il résulte de ce tableau que dans l'espace de quinze années, notre mouvement commercial en laine *en masse* a subi quelques variations sans faire de progrès. La dernière année seulement constate une augmentation assez sensible comparativement aux années précédentes.

II. — Application de l'article 40 de la loi sur les entrepôts.

On sait que l'art. 40 de la loi du 4 mars 1846 a pour objet de permettre aux industriels de faire venir de l'étranger, sans payer de droits d'entrée, des marchandises qu'ils livrent au commerce extérieur, après leur avoir fait subir une manipulation dans le royaume.

(a) 1836 à 1843 ; quantités inconnues parce que le droit était perçu à la valeur.

Cette mesure est, sans contredit, une de celles qui peuvent favoriser le plus notre commerce d'exportation. Elle permet à notre industrie de se procurer à peu près aux mêmes prix, voire même à meilleur marché que les industriels anglais ou français (1), les matières premières dont elle a besoin. Ainsi, par exemple, pour les fils de coton et de lin qui coûtent beaucoup moins cher en Angleterre qu'en Belgique, nos fabricants peuvent se les procurer aux mêmes conditions que les tisserands anglais. Si nous devons supporter en plus les frais de transport d'Angleterre en Belgique, ces frais se trouvent compensés par le meilleur marché de la main d'œuvre, et, comme nous l'avons dit, par la diminution de faveur accordée par le fabricant.

III. — Permanence de la loi accordant l'exemption des droits d'entrée sur les machines, métiers et outils qui sont de construction inconnue dans le royaume.

Cette loi, qui date du 22 février 1854, et qui a été prorogée à plusieurs reprises, expire le 24 mai prochain. Il est inutile d'énumérer les avantages qui résultent pour un pays du soin de se tenir constamment au courant des progrès réalisés dans les arts mécaniques. Nous nous bornerons donc à formuler le vœu que la permanence de cette loi soit décrétée.

Le privilége d'importer, en franchise de droits, les machines industrielles, constitue une prime d'encouragement aux personnes qui introduisent dans le pays les procédés de fabrication les plus perfectionnés et qui tiennent l'industrie nationale au courant des progrès de l'industrie étrangère. L'exemption des droits d'entrée est le moindre encouragement que le gouvernement puisse leur accorder en pareil cas.

IV. — Etablissement de primes de sortie.

Bien que nous soyons peu partisan de ce genre d'encouragement,

---

(1) Lorsqu'il s'agit d'une marchandise à exporter, un prix de faveur est presque toujours accordé par le vendeur.

non seulement parce qu'il ne sert qu'à créer des industries factices
et à arrêter le progrès et le perfectionnement de la fabrication,
mais encore parce qu'il prête à la fraude, nous devons cependant
reconnaître qu'il est des circonstances, comme lors d'une crise
ou de la perte subite d'un marché, dans lesquelles ce mode d'encouragement, pendant un certain temps, peut devenir nécessaire
pour permettre à l'industrie de se procurer des débouchés nouveaux.
Il est évident que, s'il s'agit de concourir sur des marchés où l'on
ne reçoit que des fabricats anglais qui coûtent moins cher que les
nôtres, il est évident, disons-nous, que nos marchandises n'y trou-
veront un écoulement que pour autant que leurs prix soient rame-
nés au taux des marchandises similaires anglaises. Or, en atten-
dant que, par une économie apportée dans les frais de fabrication,
économie résultant, soit du perfectionnement du travail, soit du
développement donné à la fabrication, l'industrie belge se trouve
en mesure de se maintenir par ses propres forces en possession du
nouveau marché, il est utile que des sacrifices momentanés soient
faits par l'État.

V. — Encouragements aux personnes qui intro-duisent dans le pays des industries nouvelles.

L'introduction d'industries nouvelles et présentant des chances
de succès, est une chose qui est digne de fixer l'attention du gouvernement et qui se recommande à sa bienveillante sollicitude. On ne
saurait trop diversifier le travail dans un pays où la population
est nombreuse et agglomérée. C'est le moyen d'éviter les longs
chômages et la misère qui en est la conséquence inévitable en cas,
de crise dans une branche d'industrie. Cette mesure a aussi pour
objet de procurer à l'ouvrier un salaire plus élevé.

A l'appui de notre assertion, nous citerons un exemple. La fabrication des gants de peaux était à peu près inconnue en Belgique,
il y a 20 ans. En 1837, il n'y avait à Bruxelles que deux ou trois
fabricants, et c'est un français, qui, le premier, s'est occupé dans le
royaume de cette fabrication. Tous les gants que l'on consommait
en Belgique étaient, avant cette époque, tirés de France.

Depuis quatre à cinq ans, cette fabrication a pris chez nous une telle extension que, non seulement elle pourvoit à la consommation intérieure, mais encore elle fabrique des quantités considérables pour l'exportation. Il y a plus, des fabricants de gants établis à Paris font fabriquer en Belgique pour l'exportation. Eh bien, il y a cent industries, comme la ganterie, qui pourraient être introduites chez nous avec le même succès, et qui, comme celle-ci, procureraient de l'occupation aux femmes dont le travail est si peu productif.

Ce que nous venons de dire pour une industrie toute nouvelle, s'applique également à des branches de fabrication qui ne sont que le complément d'autres industries déjà existantes dans le pays.

Nous rappellerons que la supériorité de l'industrie en Angleterre et en France est due, en partie, à la division du travail. Ainsi, les diverses opérations qui doivent avoir lieu successivement pour fabriquer un tissu, font, dans ces pays, chacune, l'objet d'un établissement spécial. Cette division du travail permet au fabricant de faire vite et mieux. L'ouvrier habitué à faire toujours la même chose est plus habile; le fabricant, n'ayant pas à porter son attention sur les opérations multiples d'une fabrication, peut donner tous ses soins à la branche qu'il a adoptée. La division du travail, c'est le progrès et la perfection de l'industrie, parce que chacun, dans sa spécialité, cherche à améliorer sa branche de fabrication.

Toutefois, nous devons faire remarquer que si chaque opération n'est pas représentée par un établissement, la marche de l'industrie est entravée. C'est ainsi que, s'il n'existe pas dans le pays de filature produisant des fils de tels et tels nos, la fabrication de tels et tels genres de tissus ne peut s'étendre; s'il n'existe pas un établissement de teinture et d'apprêt, organisé d'après les meilleures méthodes, la fabrication de telles et telles étoffes ne peut être entreprise; une industrie susceptible de grands développements ne peut prendre aucun essor, faute d'un établissement spécial.

En pareil cas, n'est-il pas de la plus haute urgence de chercher à combler la lacune, et d'encourager l'homme qui s'obligerait à monter l'établissement dont l'absence empêche le développement d'une industrie pouvant devenir importante? Poser la question, c'est la résoudre. Il est positif que si la Belgique possédait certains établissements de teinture et d'apprêt, la fabrication de divers genres de tissus dont le centre est à Roubaix, à Amiens, à Saint-Quentin et à Rheims, pourrait être entreprise en Belgique. La teinture et l'apprêt jouent un très-grand rôle dans la fabrication des étoffes, et l'existence d'un établissement de ce genre décide souvent du sort d'une industrie.

VI. — Direction intelligente imprimée à l'industrie.

La Belgique est industrielle; mais, il faut bien l'avouer, elle n'est pas industrieuse; elle ne possède pas, comme l'Angleterre et la France, le génie inventif. L'industrie et le commerce ne jouissent pas chez nous de la même confiance que chez nos voisins; les capitaux se tournent avec crainte vers ces deux branches de la richesse publique. Nos industriels et nos commerçants, en général, sont méticuleux et routiniers. Les premiers surtout craignent d'introduire des innovations dans leur fabrication ou de faire quelques fortes dépenses pour perfectionner leur outillage. En un mot, ils ne suivent pas assez les progrès qui se réalisent à l'étranger et ils ne savent pas se mettre à fabriquer selon le goût des consommateurs.

C'est encore l'industrie linière qui nous fournit la preuve du fait que nous avançons.

Pendant des siècles, la fabrication toilière s'est exercée chez nous d'une manière toute simple; c'est-à-dire par des tisserands isolés qui achetaient au cultivateur leur lin, le faisaient filer à la main, tissaient leur toile, la faisaient blanchir sur le pré et allaient ensuite la vendre au marché voisin. Ces toiles avaient des largeurs et des longueurs différentes. Des négociants les achetaient au marché et les vendaient aux détaillants ou les expédiaient à l'étranger.

Voilà comment l'industrie linière était exercée chez nous. Aucun pays ne songeait sérieusement à introduire chez lui cette branche de fabrication, parce que cela paraissait impossible, la Belgique possédant seule les trois éléments de travail, c'est-à-dire, la matière première, des fileuses et des tisserands exercés.

Mais l'Angleterre, qui semble s'être donné pour mission de révolutionner le monde industriel, en appliquant la vapeur et les machines à l'industrie, ne manqua pas d'étendre ces moyens de production à la fabrication linière. Du jour où l'Angleterre eut introduit chez elle la filature du lin à la mécanique, notre ancienne, notre belle industrie linière fut frappée au cœur. On sait les progrès rapides que cette industrie fit en Angleterre et en Irlande, quels soins furent apportés au blanchiment, à l'apprêt, au pliage et au paquetage des toiles. On sait aussi avec quelle rapidité eut lieu la décadence de notre industrie linière; avec quelle apathie cette décadence fut d'abord envisagée. Le tisserand flamand ignorant complétement la révolution qui s'opérait dans un pays voisin, continuait toujours à fabriquer ses toiles comme par le passé, c'est-à-dire sans aucune amélioration, ni aspect plus flatteur, ni prix moins élevé.

De la façon que l'industrie linière se pratiquait chez nous, sa perte était inévitable en présence de la nouvelle industrie qui s'élevait en Angleterre. Le tisserand, abandonné à lui-même, était incapable d'introduire dans sa fabrication les perfectionnements découverts à l'étranger. En 1839, le gouvernement, frappé de la décadence effrayante de l'industrie linière, y porta son attention. Il était malheureusement trop tard, le mal avait fait trop de progrès. Non seulement la réforme à introduire était profonde et par cela même d'une application lente; mais elle devait encore rencontrer de la résistance chez ceux-là mêmes dont elle devait améliorer la condition. Le gouvernement ordonna une enquête, une commission fut nommée le 25 février 1840. Cette commission fit connaitre le résultat de ses investigations; et, en 1841, son rapport composé de deux énormes volumes in-4° fut livré à l'impression.

Dans ses conclusions, la commission d'enquête indiquait quelques mesures à prendre. Les avis étaient partagés; il y avait les partisans de l'ancienne et de la nouvelle industrie. Les uns prétendaient que l'on devait conserver l'ancienne, d'autres soutenaient qu'il fallait suivre le progrès et entrer résolument dans la nouvelle voie ouverte par l'Angleterre. D'autres, enfin, que nous appellerons mixtes, étaient d'avis que les deux industries pouvaient coexister.

Les partisans de l'ancien système l'emportèrent; cela devait être. En général, l'homme est méticuleux; il craint d'innover, il ne sait pas agir avec énergie; il trouve plus facile de conserver ce qui existe que de mettre quelque chose de nouveau à la place. C'est ce qu'on fit. On institua des comités industriels auxquels on distribuait des subsides pour maintenir le travail. Ce mode de secours fit plus de mal que de bien. Non seulement l'industrie restait stationnaire, mais par la compensation qu'ils trouvaient dans les subsides du gouvernement, de la province, de la commune, du bureau de bienfaisance et dans les dons des particuliers, la fileuse et le tisserand vendaient au-dessous du prix coûtant. Si l'on avait maintenu sur ce pied l'intervention de l'administration, on aurait hâté la ruine de l'industrie linière, tout en dépensant, chaque année, des sommes considérables.

Enfin, après divers tâtonnements, on trouva le véritable remède à appliquer. Ce remède, dont le germe se trouve dans l'arrêté royal du 26 janvier 1847, relatif à l'organisation d'ateliers d'apprentissage et de perfectionnement, fut appliqué avec succès par le gouvernement.

Le mode de fabrication des toiles doit subir une transformation complète chez nous. On demande aujourd'hui une grande régularité, surtout pour l'exportation. Telle toile doit avoir tel nombre de fils en chaîne et tel nombre de fils en trame dans l'espace de cinq millimètres, elle doit avoir une largeur et une longueur déterminées, tel blanc, tel apprêt, tel pliage, telle enveloppe, etc.

Cette fabrication, comme on le voit, exige beaucoup de soins. Elle doit donc être dirigée par des hommes intelligents et n'être pas abandonnée à l'instinct d'ouvriers ignorants, qui ne connaissent, en fait de fabrication, que l'exemple donné par leurs devanciers. C'est dans le perfectionnement et dans l'emploi de moyens économiques que ce travail doit retrouver son ancienne splendeur. L'industrie du lin, comme celle du coton et de la laine, doit être exercée aujourd'hui pour le compte d'entrepreneurs ; les tisserands ne doivent plus travailler qu'à façon. Du jour où tous ces ouvriers seront employés de cette manière, la Belgique pourra dire qu'elle a reconquis son ancienne industrie linière. La base de cette industrie, le lin, existe chez elle, et quant à l'emploi de matières premières communes, de lin de Russie, elle peut se les procurer à aussi bon marché que l'Angleterre.

Ainsi, ce qu'il faut actuellement à la Belgique, ce sont des fabricants qui fassent travailler à façon les tisserands. Ce nouveau mode de fabrication, en même temps qu'il aurait pour effet d'obtenir des toiles convenables, serait avantageux aux ouvriers eux-mêmes. Ceux-ci seraient assurés d'un salaire, ils n'auraient plus à perdre leur temps pour se rendre au marché, ni à courir la chance de ne pas obtenir pour leur toile un prix suffisamment rémunérateur. Malheureusement, le nombre de fabricants qui font travailler de cette manière, est encore très-limité. Il serait désirable que le nombre en augmentât de beaucoup. Tous les efforts du gouvernement devraient tendre vers ce but.

D'un autre côté, si ces négociants et spéculateurs étaient assurés, comme en Angleterre, de l'écoulement des produits qu'ils feraient fabriquer, sans aucun doute, ils adopteraient le mode de fabrication que nous proposons. En Angleterre, l'industrie travaille avec sécurité, elle n'est pas inquiète pour l'écoulement de ses produits : elle sait que le commerce ne lui fera pas défaut.

Si l'on veut donc que la Belgique se crée de nouveaux débouchés, il faut imprimer à l'industrie une direction nouvelle. Or, nous ne connaissons pas de meilleur moyen pour obtenir ce résultat que la création d'une puissante société de commerce.

VII. — Création d'une société d'exportation.

L'institution d'une pareille société, disposant de capitaux considérables, dirigée et administrée par des hommes capables, actifs et prudents, ayant des comptoirs établis sur les principaux points du globe, exercerait une influence immense sur l'avenir du commerce belge. Nous parlons de l'avenir avec intention, parce que pendant les premières années, non seulement elle ne pourrait réaliser des bénéfices, mais encore elle devrait s'attendre à devoir faire des sacrifices pour s'ouvrir les nouveaux débouchés.

Nous l'avons dit déjà, le bon marché des produits manufacturés est en raison des quantités qui sont fabriquées. Au début, la société ne pourrait exporter que des quantités limitées. Dans ce cas, la marchandise lui coûterait plus cher que si elle transmettait aux fabricants des ordres plus importants, et dès lors, ne pouvant lutter avec les exportateurs anglais qui obtiennent leurs produits à meilleur marché, à cause des quantités qu'ils expédient et de leurs relations établies depuis longtemps, la société éprouverait des pertes.

Avec une pareille perspective, la société, telle que nous l'entendons, se formerait difficilement, ou bien elle n'aurait pas de chance de durée. Pour la garantie des actionnaires, il serait de toute nécessité que l'État assurât des avantages importants à la compagnie. Ces avantages pourraient consister, soit en un minimum d'intérêt garanti, pendant une période d'années déterminée, soit en des primes de sortie et un subside annuel pour l'établissement et l'entretien des comptoirs.

On a évalué à plus de fr. 2,000,000 la somme des sacrifices que le traité avec la France imposait annuellement à la Belgique. Eh bien, qu'on accorde cette somme à la société, en lui faisant contracter en échange certaines obligations, telles que d'établir des comptoirs dans les principales contrées transatlantiques, de n'exporter que des produits nationaux, d'expédier tel nombre de navires par année sur tel et tel point, de reconnaître au gouvernement le droit de placer près la société un commissaire et de se faire remettre, tous les six mois, un rapport sur les opérations.

Les comptoirs que la société établirait et à la tête desquels elle placerait des hommes capables, lui fourniraient tous les renseignements nécessaires, vendraient les marchandises en temps utile, prépareraient, dans les moments favorables, les cargaisons de retour; car pour que les opérations commerciales soient fructueuses, il faut toujours que les cargaisons de retour soient combinées avec les cargaisons de départ.

La société réunirait dans un local des échantillons de produits de l'industrie belge auxquels seraient annexés les échantillons envoyés par ses agents et par ceux du gouvernement.

Elle ferait ses commandes aux fabricants sur des échantillons à eux remis; elle leur donnerait les indications nécessaires pour que les produits réunissent toutes les conditions voulues. C'est ainsi qu'une direction serait donnée à l'industrie et que l'on habituerait le pays à fabriquer selon le goût et les besoins des consommateurs. Sous l'influence d'une pareille société, la fabrication en Belgique serait forcée de sortir de l'ornière dans laquelle elle se trouve retenue; elle subirait une transformation complète.

Nous répétons donc, car c'est un point sur lequel nous ne saurions trop insister, tellement il nous paraît être indispensable pour assurer l'avenir du pays; une société constituée sur des bases solides, disposant de grands capitaux, ayant l'appui du gouvernement et comptant le Roi au nombre de ses actionnaires, donnerait un développement considérable à nos relations commerciales et serait, sous le rapport des intérêts matériels, la consolidation de notre nationalité.

VIII.—Établissement de comptoirs sur les principaux points du globe.

Comme on vient de le voir, ces établissements seraient fondés par la société d'exportation dont ils seraient les succursales. L'utilité de ces comptoirs est incontestable. Il faut, pour la sécurité et le succès de l'entreprise, que la maison qui expédie soit représentée par elle-même dans les lieux où les marchandises sont envoyées, c'est-à-dire qu'elle se charge elle-même, par personnes interposées, de la vente de ses produits; qu'elle se prépare les cargaisons de retour et qu'elle se renseigne le plus exactement possible sur la situation des marchés qu'elle exploite.

C'est ainsi que sont organisées les grandes maisons d'Angleterre, d'Allemagne et de France. En Belgique même, nous pourrions citer plusieurs maisons qui sont établies sur ce pied, c'est-à-dire que la maison de Belgique a sa succursale à New-York, à Rio-de-Janeiro, à la Havane, à Valparaiso, à Constantinople, en Espagne, etc.

Le système de consignation à des maisons étrangères, est dangereux; il donne lieu à bien des déceptions; on en a eu plusieurs exemples.

Il serait également utile que la société eût des agents dans les principales places de commerce de l'Europe. Ainsi, elle en aurait à Paris, à Londres, à Hambourg, à Amsterdam, etc.

Admettre à la libre entrée les matières premières; restituer, à la sortie des marchandises, les droits auxquels elles ont été assujetties à l'entrée, c'est favoriser le développement de l'industrie; c'est lui permettre de se procurer les matières premières à bon marché et lui faciliter les moyens d'écouler ses produits; c'est, en un mot, la mettre à même d'exporter, converties en objets manufacturés, les matières premières vers les pays mêmes d'où elles proviennent.

L'application de l'article 40 de la loi sur les entrepôts; la libre entrée des machines et métiers nouveaux; des primes de sortie dans certains cas; l'introduction dans le royaume d'industries nouvelles; une impulsion donnée à l'industrie par une société d'exportation, l'établissement de comptoirs belges dans les principales contrées, sont également des mesures qui exerceraient, nous semble-t-il, une salutaire influence sur le travail national.

Telle est l'esquisse du plan qui nous paraît devoir être adopté pour procurer aux produits belges des débouchés nouveaux et pour mettre ainsi notre industrie à l'abri des perturbations occasionnées par les crises commerciales ou politiques dans les États voisins, ou par le mauvais vouloir des gouvernements de ces pays.

Ce qui a lieu aujourd'hui est le résultat de notre imprévoyance. Depuis vingt-deux ans que la Belgique est constituée en État indépendant, elle n'a pas songé sérieusement à augmenter le nombre de ses débouchés; elle n'a pas pensé qu'un jour elle pourrait se trouver prise au dépourvu par la perte de ses anciens marchés, et qu'une perturbation profonde pourrait s'en suivre.

Ce n'est guère que depuis 1848 que notre commerce extérieur a été stimulé d'une manière efficace. Il a fallu la crise de 1848 pour que l'on comprit la nécessité de se créer de nouveaux débouchés. Depuis cette époque, nos exportations vers les pays transatlantiques ont pris un certain essor. On peut s'en convaincre en jetant un coup d'œil sur les Tableaux du commerce belge avec les pays étrangers.

Voici le relevé de nos exportations totales depuis 1831 (*Commerce spécial*) :

	Francs.
1831.	96,555,274
1832.	111,189,582
1833.	108,813,117
1834.	118,540,917
1835.	155,057,695
1836.	144,812,152
1837.	129,569,208
1838.	156,851,054
1839.	137,892,819
1840.	159,629,000
1841.	154,091,000
1842.	142,176,000
1843.	156,455,000
1844.	174,585,000
1845.	184,682,000
1846.	185,963,000
1847.	205,781,000
1848.	182,077,762
1849.	224,526,000
1850.	265,647,100
1851.	255,828,000

On voit, d'après ce tableau, que c'est en 1850 que nos exportations ont atteint le chiffre le plus élevé.

CONCLUSION.

Nous avons fait observer que le véritable avantage qu'offre le commerce international est d'exporter le plus possible d'objets fabriqués. Or, nous avons établi, par des chiffres, que la France importe en Belgique une fois plus de produits fabriqués qu'elle n'en reçoit de chez nous.

Examinant, dans ses détails, la manière dont a fonctionné le traité de 1845, nous avons également établi que, pour les produits favorisés, les importations françaises en Belgique ont été constamment en augmentant, tandis que celles de la Belgique en France n'ont pas cessé de diminuer chaque année.

Nous avons surtout démontré à l'évidence, que l'industrie linière en faveur de laquelle le traité de 1845 avait été négocié et ratifié, a vu ses exportations s'amoindrir au point qu'elle doit aujourd'hui considérer le marché de la France comme devant, en tout état de choses, être perdu pour elle dans un avenir plus ou moins éloigné.

Nous concluons de là, que le mobile qui avait servi à nous faire accepter les conditions onéreuses du traité de 1845, a cessé d'exister pour nous; que le renouvellement pur et simple de ce traité serait, pour la Belgique, la continuation de charges sans compensation suffisante, et que, dès lors, mieux vaudrait n'avoir aucun traité avec la France que de renouveler sans modification celui qui vient d'expirer.

Nous avons eu soin de faire ressortir le danger auquel l'industrie est exposée, lorsqu'elle compte trop sur les pays voisins pour écouler ses produits; ce qui se passe en ce moment sous nos yeux, vient à l'appui de notre raisonnement.

C'est pour prévenir le retour d'un pareil danger que nous proposons une série de mesures ayant toutes pour but de développer nos relations commerciales avec les contrées lointaines, parce qu'une fois parvenues à ce résultat, nos relations avec les pays voisins ne se ressentiront plus des crises qu'ils subissent ou des dispositions peu bienveillantes de leurs gouvernements à notre égard.

Nous ne nous dissimulons point que ces mesures, pour être mises en pratique, demandent de l'énergie et du patriotisme. Mais ce sont là des qualités que nous espérons rencontrer dans les personnes qui auront pour mission de diriger les destinées de la patrie.

TABLE DES MATIÈRES.